ENGELS

EDITION 52

IMPRESSUM

ENGELS – UNTERNEHMER & REVOLUTIONÄR
Copyright © EDITION 52 für die deutsche Buchausgabe 2020

Copyright © bei den Autoren Christoph Heuer,
Fabian W.W. Mauruschat, Uwe Garske

Wir bedanken uns bei den Förderern des Werkes, dem Ministerium für Kultur und Wissenschaft
des Landes Nordrhein Westfalen, der Stadtsparkasse Wuppertal
und ENGELS 2020.

Ebenfalls geht unser Dank an das Stadtarchiv Wuppertal
und das Historische Zentrum Wuppertal,
deren Unterstützung uns sehr geholfen hat.

ISBN 9783948755492

1. Auflage 2020

EDITION 52 Hofaue 55 42103 Wuppertal

info@edition52.de

www.edition52.de

CHRISTOPH HEUER

ZEICHNUNGEN UND SZENARIO

FABIAN W.W. MAURUSCHAT

SZENARIO

UWE GARSKE

SZENARIO EPILOG

EDITION 52

VORWORT

Der Unternehmer und Philosoph Friedrich Engels ist wieder en vogue. Das war lange Jahre nicht so. Vor allem nach der sogenannten „geistig-moralischen Wende" zu Beginn der 1980er-Jahre, war es im bundesdeutschen Alltag verpönt, sich mit dem Vordenker sozial-gesellschaftlicher Reformen zu beschäftigen.

Zwar begann die Sozialdemokratie in der Opposition ab 1982 sich wieder vermehrt für einen ihrer ideologischen Wegbereiter zu interessieren, aber spätestens nach dem Mauerfall suchte sie über eine Angebotspolitik im Sinne eines Weges nach dem Vorbild der britischen New Labour, neues politisches Gewicht zu erhalten.
Erst in den letzten Jahren sind mit den offenen politischen Diskussionen zum unabhängigen Grundeinkommen oder der verpflichtenden Bürgerversicherung wieder Themen auf der politischen Agenda, die an Engels erinnern. Dass dabei seine Thesen in den letzten über 100 Jahren nichts an Aktualität verloren haben, zeigt sich bei jedem Blick auf die aktuelle Nachrichtenlage. Denn wir erleben lediglich eine Verschiebung der von Engels angemahnten gesellschaftlichen Verhältnisse.

Für unseren Wohlstand werden weiter Menschen ausgebeutet. In Ländern wie Kambodscha, Vietnam oder Bangladesch werden unter unmenschlichen Bedingungen die T-Shirts und Hosen produziert, die wir hier für wenig Geld konsumieren. Und selbst in den reichsten Ländern Afrikas hungern die Menschen, damit unsere Autos fahren können. Alle diese Themen würden dem engagierten Gesellschaftstheoretiker Recht geben. Mehr denn je scheint also die Zeit gekommen, sich offen und ernsthaft mit Engels auseinanderzusetzen. Die Graphic Novel „Engels – Unternehmer & Revolutionär" ist ein erster Schritt.

Bernd Hinrichs

PROLOG
GESPENST

WUPPERTAL, HEUTE MORGEN

Coffee Fair!

Es ist gar nicht so einfach, im Jahr 2020 noch etwas über Engels, einen der beiden Väter des Kommunismus, zu erzählen ...

Marx kennen alle. Engels ist der ewige Zweite, bezeichnete er sich doch selbst immer wieder als die „zweite Violine"...

Selbst heute haben alle ihre eigene Idee, was Kommunismus wirklich ist.

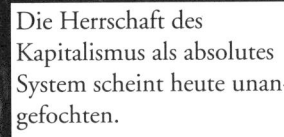

Die Herrschaft des Kapitalismus als absolutes System scheint heute unangefochten.

Der Begriff Kommunismus kann auf die unterschiedlichsten Weisen verstanden werden. Schon vor Engels und Marx …

Zur Zeit von Friedrich Engels hat sich auch kaum jemand um soziale, ökologische und nachhaltige Wirtschaft gekümmert.
Der Profit war immer wichtiger.

Klar haben die Bürger um ihre Rechte gekämpft, aber das waren meist wohlhabende Männer.

So wie Engels selbst. Sein Leben war voller Widersprüche.

So widersprüchlich wie das Jahrhundert, in das er hineingeboren wurde.

KAPITEL 1
REVOLUTION

ELBERFELD, 9. MAI 1849

Deutschland war in der höchsten Aufregung; die Fortschritte der Kontrerevolution, die wachsende Unverschämtheit der Soldateska, der Bürokratie und des Adels, die stets sich erneuernden Verrätereien der alten Liberalen in den Ministerien, die rasch aufeinanderfolgenden Wortbrüche der Fürsten warfen dem aufständischen Bürgerstand ganze Klassen von bisherigen Ordnungsmännern in die Arme.*

*Friedrich Engels: Die deutsche Reichsverfassungskampagne, 1850

15

SAG MAL, CARL, WO IST DENN DEIN ALTER? ICH WOLLTE GERADE NICHT FRAGEN.

DEN ALTEN SUFF ... DEN ALTEN MANN?

DIE PREUßEN VERSUCHEN GERADE JEDEN MANN ZU PRESSEN.

DEN HABEN SIE ZUR LANDWEHR EINGEZOGEN.

DIE MUSSTEN SOFORT LOSMARSCHIEREN. DESWEGEN SIND JA ALLE ELBERFELDER SO WÜTEND. UND MUTTER SO VERZWEIFELT. SIE HAT MICH DANN GEBETEN, AUS ENGELSKIRCHEN ZU IHR ZU KOMMEN... DAS GAB MÄCHTIG ÄRGER IN DER SPINNEREI UND JETZT SOWAS...

21

HALT KAMERADEN! WIR SCHIEßEN NUR AUF OFFIZIERE!

GEHT VOR!!!

FEUER!

25

27

EINE DEPESCHE FÜR HERRN ENGELS!

VON KOERNER AUS ELBERFELD.

DER LEHRER? WAS IST DENN SO EILIG?

JETZT IST DIE GELEGENHEIT. MASSENAUFSTAND, GUERILLAS ÜBERALL, SO WIRD DAS GEMACHT! SO SIND DIE PREUßEN ZU SCHLAGEN!

UND IN ELBERFELD IST ES SO WEIT. ICH WERDE DAZUSTOßEN UND BEITRAGEN, BEVOR DIE BOURGEOISIE WIEDER ALLES AN DIE KONTERREVOLUTION VERRÄT.

MAN WEIß, WIE NIEDERTRÄCHTIG DIE HOHENZOLLERN SIND. WAS IST, WENN DIE PREUßISCHE ARMEE MEINEN BESTEN REDAKTEUR ERSCHIEßT?

28

31

HERMANN!!!!

BRUDER, ES TUT GUT DICH ZU SEHEN.

...JA UND VATER SCHÄUMT.

... UND MUTTER, WAS SAGT SIE?

...LÄSST DICH HEIMLICH GRÜSSEN!

LEB' WOHL, HERMANN! DANKE FÜR DEIN KOMMEN.

HERR ENGELS!

LEB' WOHL!

VOM SICHERHEITSAUSSCHUSS. WOHL WAS WICHTIGES...

DER BÜRGER ENGELS ... HABE DIE GEMEINDE NOCH HEUTE ZU VERLASSEN. SEINE ANWESENHEIT KÖNNTE ZU MISSVERSTÄNDNISSEN ÜBER DIE ZIELE DER BEWEGUNG FÜHREN.

IHR MUCKER! IHR PHARISÄER!

IHR ELENDEN BRANNTWEINMYSTIKER!

IHR SORGT EUCH WEGEN EURES ANSEHENS? IHR SOLLTET EUCH WEGEN DER SOLDATEN SORGEN!

...
ADIEU CARL, LEB' WOHL
...

ICH NEHME DAS URTEIL HIN. BLUTVERGIEßEN KANN ICH NICHT PROVOZIEREN.

ABER FRITZ...

...CARL.. KARL!

AM 14. MÄRZ, NACHMITTAGS, EIN VIERTEL VOR DREI,

KAUM ZWEI MINUTEN ALLEIN GELASSEN, FANDEN WIR IHN BEIM EINTRETEN IN SEINEM SESSEL RUHIG ENTSCHLUMMERT - ABER FÜR IMMER.

WAS DAS STREITBARE EUROPÄISCHE UND AMERIKANISCHE PROLETARIAT,

WAS DIE HISTORISCHE WISSENSCHAFT AN DIESEM MANN VERLOREN HABEN, DAS IST GAR NICHT ZU ERMESSEN.

WIE DARWIN DAS GESETZ DER ENTWICKLUNG DER ORGANISCHEN NATUR, SO ENTDECKTE MARX DAS ENTWICKLUNGSGESETZ DER MENSCHLICHEN GESCHICHTE.

36

39

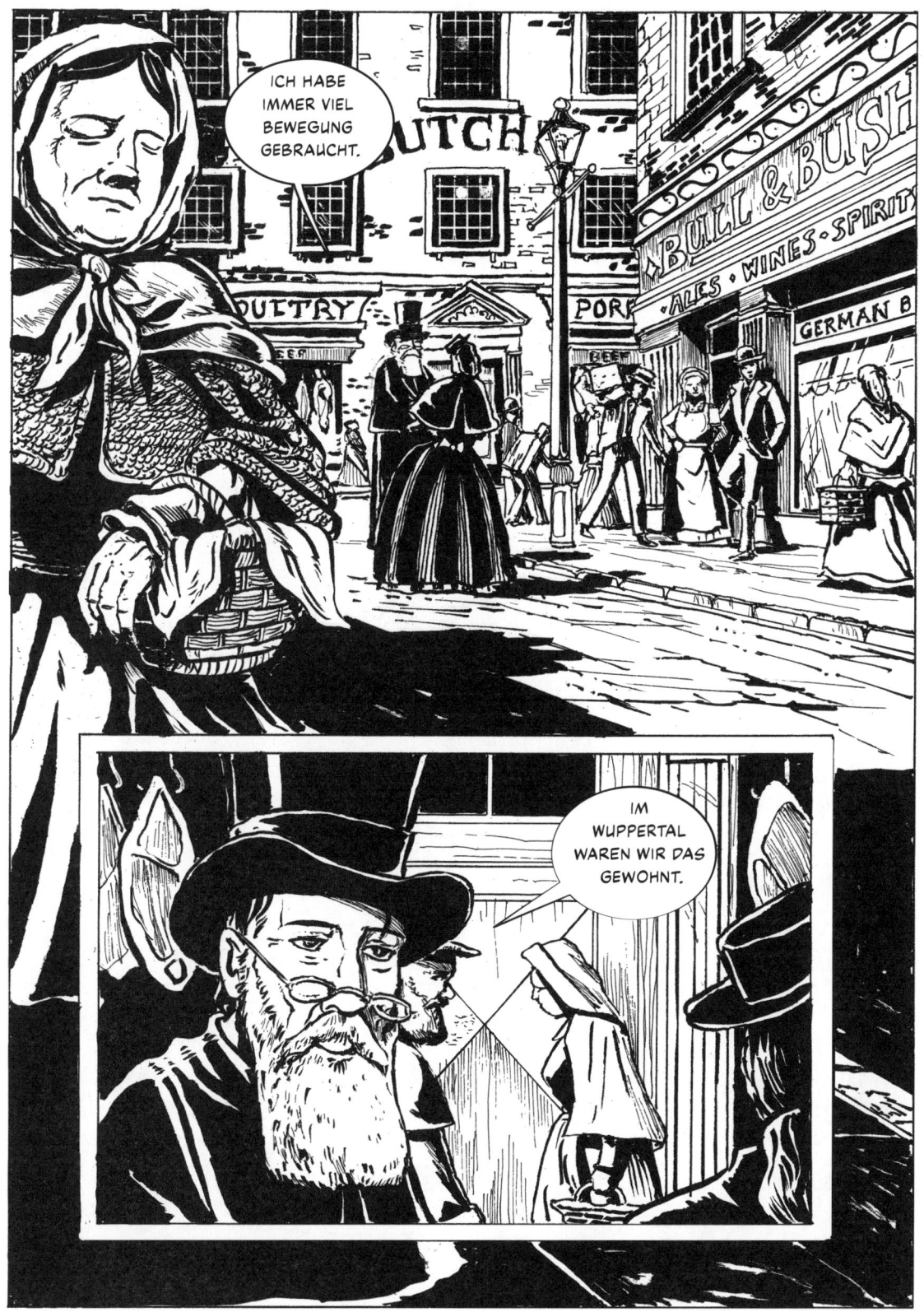

GYMNASIUM ELBERFELD, 22. SEPTEMBER 1837

EINE NACHRICHT FÜR HERRN ENGELS!

FRIEDRICH ENGELS!

JA, DR. BELTZ?

DAS IST DOCH DER BOTE VON DEINEM OLLLEN.

DU GEHST SOFORT NACH BARMEN, ZU DEINEM VATER!

...UND CARL KNALLENFALLS, DU SOLLST AUCH ZUM HERRN ENGELS! UMGEHEND!

ABER HERR DOKTOR BELTZ, ICH HABE DIESMAL GAR NICHTS GEMACHT...

42

44

KAPITEL 2
GENERAL

BARMEN, 6. JANUAR 1831

48

NA WARTE!

UND DEINE BRÜDER UND SCHWESTERN HAST DU AUCH NOCH ANGESTIFTET!

SCHLIMM GENUG, DASS EIN ENGELS BEI SO EINER GOTTLOSEN RAUFEREI MITMISCHT! UND DANN AUCH NOCH ALS RÄDELSFÜHRER!

IHR GEHT NACH HAUSE. WÄRMT EUCH AUF.

UND ICH, VATER?

54

56

LONDON, 4. JANUAR 1892

ICH FÜRCHTE, WIR MÜSSEN MIT DEM HUND RAUS. WILLST DU MIT, LEO?

JAWOLL GENERAL!

BEI SOLCHEM WETTER SIND WIR FRÜHER IM WUPPERTAL UNTERWEGS GEWESEN. ZUR KIRCHE ODER ZUR SCHULE. DIE WENIGER GLÜCKLICHEN IN DIE WEBEREIEN.

JA GENERAL! UND DANN MACHEN DIE BOURGEOISEN NOCH GELD DAMIT. ES GIBT WIEDER MEHR STIMMEN, DIE NACH EINER STEUER AUF DIESE GANZE SPEKULIEREREI SCHREIEN.

58

ACH LEO, BÖRSE UND KAPITAL VERDANKEN WIR VIEL FORTSCHRITT. SIE ÄNDERT DIE VERTEILUNG IN DER RICHTUNG DER ZENTRALISATION, BESCHLEUNIGT DIE KONZENTRATION DER KAPITALIEN ENORM UND IST DAHER EBENSO REVOLUTIONÄR WIE DIE DAMPFMASCHINE.

ICH BIN DAS BESTE BEISPIEL DAFÜR, DASS MAN GANZ GUT SELBST BÖRSIANER UND ZU GLEICHER ZEIT SOZIALIST SEIN UND DESHALB DIE KLASSE DER BÖRSIANER HASSEN UND VERACHTEN KANN.

UND WENN ICH SICHER
WÄRE, AN DER BÖRSE
MORGEN EINE MILLION
PROFITIEREN ZU KÖNNEN
UND DAMIT DER PARTEI
IN EUROPA UND AMERIKA
MITTEL IN GROßEM MAß
ZUR VERFÜGUNG ZU
STELLEN, ICH GING
SOFORT AN DIE BÖRSE!

UND WEIßT DU, WER AM LAUTESTEN NACH EINER BÖRSENSTEUER RUFT?

DIE ANTISEMITEN!

UND WENN DER ANTISEMITISMUS ETWAS IST, DANN DAS MERKZEICHEN EINER ZURÜCKGEBLIEBENEN KULTUR.

BARMEN, 6. JANUAR 1831

DIE OBRIGKEIT, SIE IST VON GOTT GESETZT.

SIE IST KEINE BEVORZUGTE KLASSE VON MENSCHEN, DIE SICH DES GLANZES EINER AUSGEZEICHNETEN STELLUNG ERFREUEN SOLL.

SIE IST GESETZT VON GOTT, ZU FÜHREN DAS SCHWERT ZUM SCHUTZE DER GUTEN.

SONNTÄGLICH FLEHEN WIR IN UNSEREN GEBETEN FÜR DIE OBRIGKEIT, UM SEGEN UND BEISTAND FÜR SIE, DAMIT GOTT SIE ERLEUCHTEN MÖGE FÜR DEN GROSSEN BERUF, DEN ER IHNEN AUFERLEGT HAT.

65

MEINE SCHWESTER ANNA TUT MIR LEID. SEIT DER ALTE IMMER WIEDER DEN LOHN VERSÄUFT, MUSS SIE IN DER SPINNEREI RAN. ACHT JAHRE ALT, KANN SIE NICHT EINMAL IHREN NAMEN SCHREIBEN. DAFÜR MUSS SIE BIS ZU ZWÖLF STUNDEN ARBEITEN. SECHS TAGE DIE WOCHE! MANCHMAL ARBEITE ICH JA AUCH DORT. NACH DER SCHULE. WENN DEIN ALTER DAS HÖRT, DANN FLIEG ICH HOCHKANT AUS DEM GYMNASIUM RAUS...

WEIL ANNA SO KLEIN IST, MUSS SIE IMMER DIE GE-RISSENEN FÄDEN FLICKEN. OFT BEI LAUFENDEN MASCHINEN. DA HABEN SICH VIELE KINDER SCHON BEI VERLETZT. ABER SIE SAGT, DASS DIE SCHLECHTE LUFT VIEL SCHLIMMER SEI. SIE HAT IMMER HALSWEH UND IHRE AUGEN SIND STARK GERÖ-TET. MANCHMAL SCHREIT SIE AUCH IM SCHLAF VOR RÜCKENSCHMERZEN.

DER ARZT IN DER FABRIK SAGT,
DAS KÄME DAVON, DASS SIE
IMMER GEBÜCKT ZWISCHEN DEN
MASCHINEN HERUMKRIECHEN WÜR-
DE. WAS FÜR EIN QUATSCH.
SIE MUSS DEN GANZEN TAG DIE
ABFÄLLE UND DIE FLUSEN VOM
BODEN AUFLESEN. WENN SIE DANN
DAMIT FERTIG IST, MUSS SIE
ALLES IN SCHWEREN KÖRBEN
RAUSTRAGEN!
DAS KLEINE MÄDCHEN, SIE SIEHT
MANCHMAL AUS WIE EINE ALTE
FRAU...

WENN SIE DANN ENDLICH FEIERABEND HAT,
MUSS SIE NOCH ZWEI STUNDEN IN DIE
SCHULE. DOCH OFT IST SIE DANN
SO MÜDE, DASS SIE DORT
EINSCHLÄFT. SO WIE LETZTE
WOCHE. DA WURDE SIE DANN SO
VERPRÜGELT, DASS SIE DREI TAGE
NICHT ARBEITEN KONNTE. ICH
BIN DANN FÜR SIE EINGESPRUNGEN.
DESHALB HABE ICH IM GYMNASIUM
BLAU GEMACHT.

DR. BELTZ HAT
MICH GESEHEN, ALS
ICH ABENDS RAUSKAM...
HAT ABER NICHTS
GESAGT.

ABER CARL,
DAS WUSSTE
ICH NICHT!

JUNGS,
IS' ES NOCH
WEIT?

KAPITEL 3
MÄRKTE

JA, DAS SOZIALISTENGESETZ... BEBEL HAT ES MIR TELEGRAFIERT, SIE HABEN SEIN BÜRO DURCHSUCHT...

...UND ÜBERALL VERHAFTEN SIE DIE PARTEIGENOSSEN.

JA, LENCHEN, DAS IST SCHLIMM! ABER ES WIRD BISMARCK NICHTS NÜTZEN.

DENN UNSERE IDEEN WERDEN STÄRKER, WENN MAN SIE VERBIETET, WIRST SEHEN LENCHEN!

GUTEN MORGEN GENERAL...SO YOU HAVE HEARD THE NEWS?

BREMEN, 14. JULI 1840

AUF JEDEM MARKTPLATZ SIEHT MAN ES. DAS WAR SCHON IN BREMEN SO, ALS ICH JUNG WAR ...

EIN RICHTIGER BART...

ZEIT ZUM BUMMELN!

WIE SCHÖN, FRITZ!

*Die Bourgeoisie, wo sie zur Herrschaft gekommen, hat alle feudalen, patriarchalischen, idyllischen Verhältnisse zerstört.**

Sie hat die feudalen Bande unbarmherzig zerrissen und kein anderes Band zwischen Mensch und Mensch übriggelassen als das nackte Interesse, als die gefühllose ›bare Zahlung‹.

Sie hat die heiligen Schauer der frommen Schwärmerei, der ritterlichen Begeisterung, der spießbürgerlichen Wehmut, in dem eiskalten Wasser egoistischer Berechnung ertränkt.

* Diese Texte sind dem Kommunistischen Manifest entnommen.

Sie hat den Arzt, den Juristen, den Pfaffen, den Poeten, den Mann der Wissenschaft in ihre bezahlten Lohnarbeiter verwandelt.

Die Bourgeoisie hat dem Familienverhältnis seinen rührend-sentimentalen Schleier abgerissen und es auf ein reines Geldverhältnis zurückgeführt.

Sie hat ganz andere Wunderwerke vollbracht als ägyptische Pyramiden, römische Wasserleitungen und gotische Kathedralen.

DIE BRITANNIA FÄHRT IN NUR ZWÖLF TAGEN ÜBER DEN ATLANTIK!

EIN NEUER GESCHWINDIGKEITSREKORD?

SIE FLEGEL!

Die Bourgeoisie kann nicht existieren, ohne die Produktionsverhältnisse, also sämtliche gesellschaftlichen Verhältnisse fortwährend zu revolutionieren.

OBACHT!

Das Bedürfnis nach einem stets ausgedehnteren Absatz für ihre Produkte jagt die Bourgeoisie über die ganze Erdkugel.

LIESELOTTE, IST DER NICHT WUNDERSCHÖN?

Chinese Tea

Chinese Tea

Sie zwingt alle Nationen, die Produktionsweise der Bourgeoisie sich anzueignen, wenn sie nicht zugrunde gehen wollen; sie zwingt sie, selbst Bourgeois zu werden.

Die Entdeckung
Amerikas, die
Umschiffung
Afrikas schufen
der aufkommen-
den Bourgeoisie
ein neues Terrain.

Der ostindische und
chinesische Markt, die
Kolonisierung von
Amerika, der Austausch
mit den Kolonien, die
Vermehrung der Tausch-
mittel und der Waren
überhaupt gaben dem
Handel, der Schifffahrt,
der Industrie einen nie
gekannten Aufschwung.

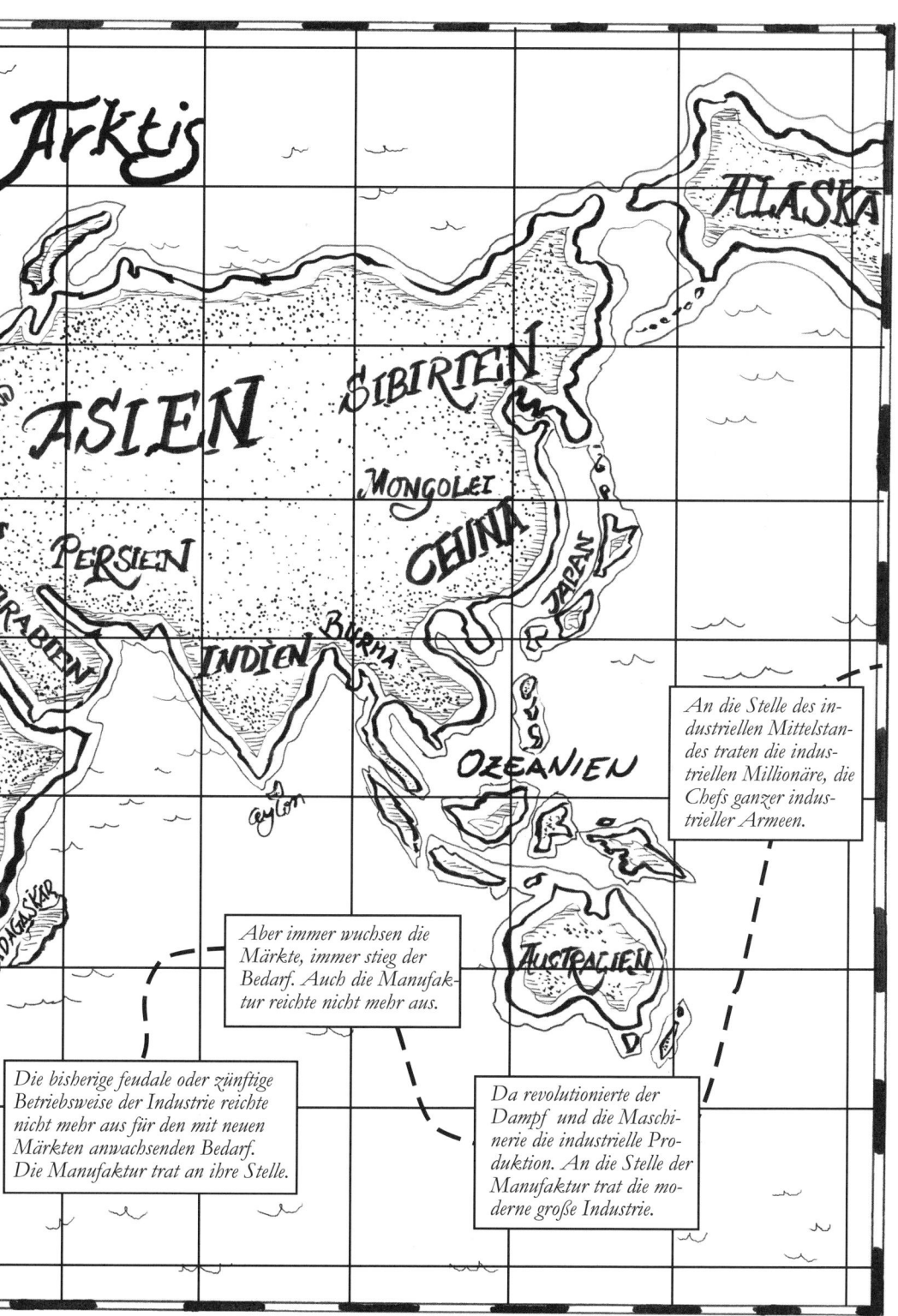

An die Stelle des industriellen Mittelstandes traten die industriellen Millionäre, die Chefs ganzer industrieller Armeen.

Aber immer wuchsen die Märkte, immer stieg der Bedarf. Auch die Manufaktur reichte nicht mehr aus.

Die bisherige feudale oder zünftige Betriebsweise der Industrie reichte nicht mehr aus für den mit neuen Märkten anwachsenden Bedarf. Die Manufaktur trat an ihre Stelle.

Da revolutionierte der Dampf und die Maschinerie die industrielle Produktion. An die Stelle der Manufaktur trat die moderne große Industrie.

Der *Weltmarkt hat dem Handel, der Schifffahrt, den Landkommunikationen eine unermessliche Entwicklung gegeben.*

Diese hat wieder auf die Ausdehnung der Industrie zurückgewirkt, und in demselben Maße, worin Industrie, Handel, Schifffahrt, Eisenbahnen sich ausdehnten, in demselben Maße entwickelte sich die Bourgeoisie, vermehrte sie ihre Kapitalien, drängte sie alle vom Mittelalter her überlieferten Klassen in den Hintergrund.

SALFORD, 14. NOVEMBER 1850

Wir sehen also, wie die moderne Bourgeoisie selbst das Produkt eines langen Entwicklungsganges, einer Reihe von Umwälzungen in der Produktions- und Verkehrsweise ist.

ERMEN & ENGELS

GENTLEMEN!

Die bürgerlichen Produktions- und Verkehrsverhältnisse, die bürgerlichen Eigentumsverhältnisse, die moderne bürgerliche Gesellschaft, die so gewaltige Produktions- und Verkehrsmittel hervorgezaubert hat, gleicht dem Hexenmeister, der die unterirdischen Gewalten nicht mehr zu beherrschen vermag, die er heraufbeschwor.

Es genügt, die Handelskrisen zu nennen, welche in ihrer periodischen Wiederkehr immer drohender die Existenz der ganzen bürgerlichen Gesellschaft in Frage stellen.

In den Handelskrisen wird ein großer Teil nicht nur der erzeugten Produkte, sondern der bereits geschaffenen Produktivkräfte regelmäßig vernichtet.

84

*Wodurch überwindet die
Bourgeoisie die Krisen?
Einerseits durch die erzwun-
gene Vernichtung einer
Masse von Produktivkräften;
andererseits durch die Erobe-
rung neuer Märkte und die
gründlichere Ausbeutung
alter Märkte. Wodurch also?
Dadurch, dass sie gewaltigere
Krisen vorbereitet und die
Mittel, den Krisen vorzu-
beugen, vermindert.*

*Die Waffen, womit die Bourgeoisie den Feudalismus zu Boden
geschlagen hat, richten sich jetzt gegen die Bourgeoisie selbst.*

*Aber die Bourgeoisie hat
nicht nur die Waffen
geschmiedet, die ihr den
Tod bringen; sie hat auch
die Männer gezeugt, die
diese Waffen führen wer-
den — die modernen Ar-
beiter, die Proletarier.*

ICH SCHÄME MICH SO...

ACH PAPA, DAS WIRD SCHON WIEDER.

Diese Organisation der Proletarier zur Klasse, und damit zur politischen Partei, wird jeden Augenblick wieder gesprengt durch die Konkurrenz unter den Arbeitern selbst.

Aber sie ersteht immer wieder, stärker, fester, mächtiger.

KAPITEL 4
HÖLLE

SIE DÜRFEN SICH JETZT KÜSSEN.

FRED...
ICH BIN JETZT MÜDE. BEGLEITEST DU DEN REVEREND?

WÜRDEN SIE MEINER FRAU DIE TOTENMESSE LESEN?

ABER JA, MR. ENGELS.

WANN UND WO ZUM BEISPIEL HABEN SIE SICH KENNEN GELERNT?

ABER ICH WÜSSTE DAFÜR GERNE MEHR ÜBER SIE...

UND DIE SCHWEINE, WEM GEHÖREN DIE?

SCHWEINEZÜCHTERN!

DIE HAUSBESITZER VERMIETEN IHNEN JEDEN RAUM IN DEN HINTERHÖFEN, ZWISCHEN DEN ABORTEN
...
DORT ERNÄHREN DIE SCHWEINE SICH VON DEN ABFÄLLEN. DIE KINDER TRÄNKEN SIE DANN FÜR EIN PAAR CENT IM FLUSS, DEN DIE VIECHER AUCH NOCH VOLLSCHEISSEN!

100

WO IST DIE LADY HIN?

WAHRSCHEINLICH IN EINEN PUB! BEI DEM WETTER HOLT MAN SICH JA SONST DEN TOD!

KENNEN SIE EINEN GUTEN?

SO WAHR ICH SEAMUS HEIßE!

15 MINUTEN SPÄTER

DER „PEVERIL OF THE PEAK!" HIER GIBT ES DAS BESTE ALE UND DAS STÄRKSTE STOUT IM GANZEN EMPIRE!

UND WENN IHNEN DER LADEN GEFÄLLT, DANN GEHT DAS ERSTE PINT AUF SIE. WENN WIR DIE LADY FINDEN, DANN AUCH DAS ZWEITE!

BESTIMMT SO EIN JUNKER. ODER WIE HEISSEN DORT DIE EARLS?

PST! RUHIG.

STÖRT'S, WENN ICH MICH DAZUSETZE?

ÄH, JA!

NEIN, ABER ...

ERWARTEN SIE NICHT, DASS WIR IHNEN EIN PAAR ORANGEN VERKAUFEN!

HEUTE HABE ICH KEINE LUST, MEINE LAUNE MIT DER IRISCHEN FRAGE ZU RUINIEREN.

MAL WAS ANDERES, KENNEN SIE DIE SCOTLAND BRIDGE?

KEINE ZEHN PFERDE ZIEHEN MICH DA NOCH MAL HIN!

DAS IST DIE HÖLLE AUF ERDEN! WIR HABEN DORT GEWOHNT...

ICH WÜRDE MIR DAS GERNE HEUTE ABEND ANSEHEN.

ABER ALLEINE SIND SIE DORT IHRES LEBENS NICHT SICHER!

WÜRDEN SIE MICH DORTHIN BEGLEITEN?

108

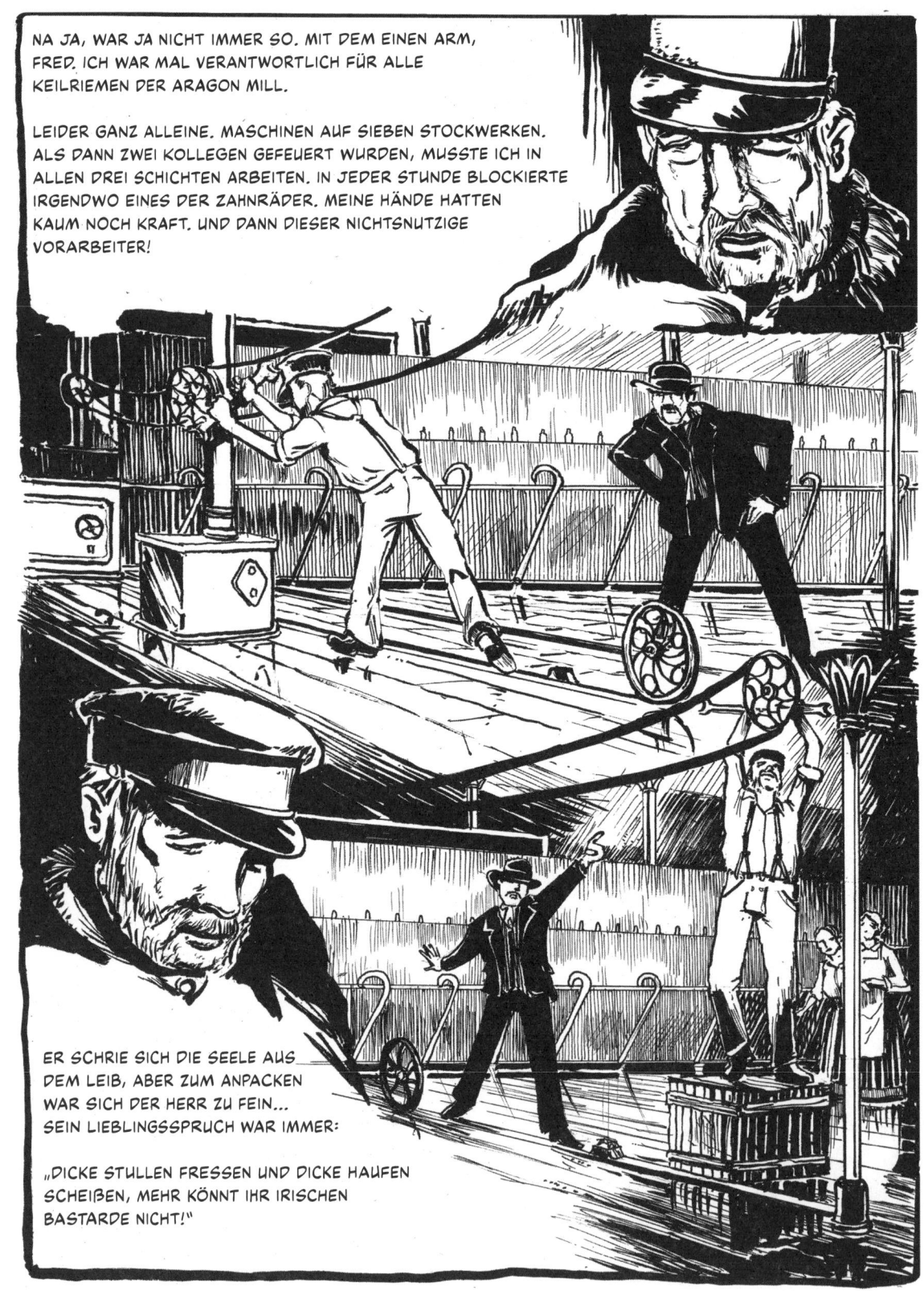

NA JA, WAR JA NICHT IMMER SO. MIT DEM EINEN ARM, FRED. ICH WAR MAL VERANTWORTLICH FÜR ALLE KEILRIEMEN DER ARAGON MILL.

LEIDER GANZ ALLEINE. MASCHINEN AUF SIEBEN STOCKWERKEN. ALS DANN ZWEI KOLLEGEN GEFEUERT WURDEN, MUSSTE ICH IN ALLEN DREI SCHICHTEN ARBEITEN. IN JEDER STUNDE BLOCKIERTE IRGENDWO EINES DER ZAHNRÄDER. MEINE HÄNDE HATTEN KAUM NOCH KRAFT. UND DANN DIESER NICHTSNUTZIGE VORARBEITER!

ER SCHRIE SICH DIE SEELE AUS DEM LEIB, ABER ZUM ANPACKEN WAR SICH DER HERR ZU FEIN... SEIN LIEBLINGSSPRUCH WAR IMMER:

„DICKE STULLEN FRESSEN UND DICKE HAUFEN SCHEISSEN, MEHR KÖNNT IHR IRISCHEN BASTARDE NICHT!"

FRED, GLAUBEN SIE MIR. ICH WAR EIN GUTER MECHANIKER! DOCH DANN WAR ES EINFACH ZU VIEL. MEINE HAND HATTE SICH ZWISCHEN ANTRIEBSRAD UND KEILRIEMEN VERHEDDERT. SO WAS KOMMT VOR UND NORMALERWEISE ZOG ICH DIE HAND IMMER RECHTZEITIG WIEDER RAUS... DOCH DANN LIEF DIE KURBELWELLE AUF EINMAL MIT EINEM RUCK AN, UND WÄHREND ICH NOCH DIE SCHRAUBE ANZOG, GING DAS BAND LOS.

ICH HABE NICHT MAL GEMERKT, WAS PASSIERT IST!

DER UNTERARM WAR FORT UND DIE HAND AUCH. DER REST DES ARMS WURDE AM NÄCHSTEN TAG AMPUTIERT.

DER VORARBEITER TOBTE WIE WILD. ICH WÄRE EIN SÄUFER. ABER ICH WAR IMMER EIN TEETOTALER*! BIN ES IMMER NOCH. AUCH WENN ALLE DARÜBER LACHEN!

MEINEN ARBEITSPLATZ WAR ICH AM NÄCHSTEN TAG LOS. KEINE ENTSCHÄDIGUNG UND KEIN DANK!

VON DEM WAS DIE FABRIK MIR ZAHLTE, BLIEB NICHTS ÜBRIG. ALSO PASSE ICH HIER AUF, BEKOMME DAFÜR ALMOSEN

...

*Abstinenzler, der nur Tee als Genussmittel trinkt.

WENN DER FLUSS WIEDER, WIE HEUTE, ÜBER DIE UFER STEIGT...

DANN LAUFEN DIE ABORTE ÜBER UND DER KOT FLIEßT HIER REIN!

MANCHMAL KOMMT DAS WASSER AUCH DURCH DIE WÄNDE!

ERST BEKOMMEN DANN DIE KINDER DURCHFALL. DANACH WIR. DOCH SO GESCHWÄCHT MÜSSEN WIR TROTZDEM IN DIE FABRIK! MEINE FRAU HAT DIE SCHWINDSUCHT...

DENN WER NICHT ARBEITEN KANN, HAT NICHTS ZU ESSEN UND MUSS RAUS AUF DIE STRAßE!

IST ES DENN IM WUPPERTAL NICHT AUCH SO SCHLIMM?

NEIN, MARY... NOCH NICHT!

BARMEN, 23. SEPTEMBER 1837

DANKE JUNGS! ICH KOMME ZURECHT! LASST DEN HERRN ENGELS NICHT WARTEN.

DANK' DIR, FRITZ!

ABER WARUM SÄUFT ER?

SEIT ER IN DER FABRIK ARBEITET, IST ER EINFACH NICHT MEHR ER SELBST.

DANN DIE ANGST, DASS ER SEINE FAMILIE NICHT DURCHBRINGEN KANN. BANNTWEIN HILFT IHM VERGESSEN!

SAGT ER...

ICH HABE NACHRICHTEN FÜR EUCH BEIDE. ZUERST CARL.

OBGLEICH SICH DEIN VATER ALS ELENDER TRUNKEN-BOLD ERWIESEN HAT, HAST DU DICH BEWÄHRT, MEIN JUNGE. DU MUSST NICHT MEHR LÄNGER DIE SCHULBANK DRÜCKEN. ES GEHT FÜR DICH NACH ENGELSKIRCHEN. DORT HABE ICH DAS EHEMALIGE SCHNABELSCHE HAMMERWERK ERWORBEN.

BALD BRAUCHEN WIR KLUGE KÖPFE WIE DICH, WELCHE DIE KINDER DORT IN DIE ARBEIT EINWEISEN KÖNNEN.

CARL, DU DARFST JETZT GEHEN.

NUN FRIEDRICH, ZU DIR MEIN SOHN.

AUCH DU SOLLST DEINE ARBEITSKRAFT IN DEN DIENST VON ERMEN & ENGELS STELLEN. DU VERLÄSST DAS GYMNASIUM.

VATER?!?!?

DU GEHST NACH BREMEN. BEIM KONSUL LEUPOLD WIRST DU DAS KAUFMANNS-HANDWERK LERNEN. ER HANDELT MIT KAFFEE UND TABAK, ABER AUCH MIT LEINEN.

NEIN, ICH MUSS AUFSCHREIBEN, WAS ICH GESTERN ALLES AN DER SCOTLAND BRIDGE GEHÖRT HABE.

DAS KANN ICH NICHT WÄHREND DER ARBEITSZEIT MACHEN.

OH, EIN DOPPELLEBEN FÜHRT DER HERR. TAGSÜBER EIN BRAVER CLERK, NACHTS EIN UNRUHESTIFTER.

ICH MUSS AUCH MEINE POUNDS MACHEN.

DAS VERSTEHE ICH SEHR GUT...

WIE VERDIENST DU DENN DEIN GELD?

FRÜHER ALS DOFFER* IN SPINNEREIEN, DANN HABE ICH AN DEN DOCKS VON LIVERPOOL ORANGEN VERKAUFT, WIE IHR FEINEN HERREN DAS SO NENNT. JETZT IN EINEM BOARDING HOUSE.

*Doffer haben fertig umwickelte Spulen und Spindeln aus einer Spinnmaschine entfernt und durch leere ersetzt.

ORANGEN VERKAUFT? DICH DEM EHRBAREN GEWERBE DER PROSTITUTION HINGEGEBEN, MEINST DU?

EHRBAR?

ANGESPUCKT VON PFAFFEN UND HAUSFRAUEN? BEHANDELT WIE EIN VIEH VON DEN KERLEN? UND ALLEN GEWINN ABGEBEN AN DEN EINEN KERL, DER SICH ALS DEIN "BESCHÜTZER" AUFSPIELT? WENN DU ÜBER AUSBEUTUNG SCHREIBEN WILLST, DANN SCHREIB' ÜBER DIE AUSBEUTUNG DER FRAU.

ÄH, JA...

UND WENN DU DENKST, DU KANNST FÜR MEINE LIEBE BEZAHLEN, DANN VERABSCHIEDE DICH SCHON EINMAL VON DEINEN FAMILIENJUWELEN.

123

124

125

126

ÜBER DIE DIALEKTIK DER NATUR. ICH HOFFE, DAS BUCH IM NÄCHSTEN JAHR NOCH ZU ENDE ZU BRINGEN. KÖNNTEST DU MIR DEN LETZTEN ABSCHNITT VORLESEN?

ABER GERN, FRED.

BEI DEM LICHT KÖNNEN MEINE AUGEN NICHT MEHR.

Der Tod ist Auflösung des organischen Körpers, der nichts zurücklässt, als die chemischen Bestandteile, die seine Substanz bildeten. Leben heißt Sterben.*

*Friedrich Engels: Dialektik der Natur 1873-1882

129

EPILOG
VORWÄRTS

Rana Plaza, Sabhar, Bangladesch

Die heutigen Großkonzerne sind vermehrt in die Peripherie der Schwellen- und Entwicklungsstaaten entwichen. Wir merken nur sehr wenig davon. Die globalen Unternehmen gehen hierbei geschickt vor. Durch schnell wechselnde Subunternehmer in der Zuliefererkette werden schlechte Arbeitsbedingungen verdeckt. 80 % der ca. 4 Millionen Arbeiter*Innen der Textilindustrie von Bangladesch sind weiblich. Sie arbeiten bis zu 16 Std. täglich, manchmal 7 Tage die Woche. Einige Frauen vom Land geben teilweise ihre Kinder bei den Großeltern ab, um überhaupt überleben zu können.

ICH SAGTE DEN HELFERN: GEBT MIR EINE SÄGE, DAMIT ICH MEINEN ARM ABSCHNEIDEN KANN. DAS FLEISCH WAR LÄNGST VERROTTET.

MEIN ARM STANK FÜRCHTERLICH. ABER ES WAR NICHT EINFACH. DER KNOCHEN WAR SO HART.

ROSINA BEGUM, 2013

2013 starben über 1100 Menschen in Textilfabriken, als der Gebäudekomplex Rana Plaza einstürzte. Mehr als 2400 wurden verletzt, ein Teil davon schwer. Die Besitzer ignorierten sichtbare Risse in den Mauern einfach.

Opfer von Rana Plaza, ruhet in Frieden. Unsere Erinnerungen sind mit Milliarden von Tränen behaftet. Wir werden es nie vergessen.

Immer noch arbeiten Millionen von Menschen für Hungerlöhne. Damit sich die Menschen in reichen Ländern billige Kleidung, Nahrungsmittel, etc. kaufen können.

Coltanabbau, Kongo

So wie im 19. Jahrhundert Kinder in den Bergwerken Europas starben, sterben sie heute im Kongo bei der Suche nach seltenen Erden. Begehrte Rohstoffe wie Kobalt und Coltan erwerben die Technologie-Großkonzerne für Handys und die moderne Akku-Technologie. Kinder und ihre Eltern arbeiten für niedrigste Hungerlöhne. Die Toten werden in Minen teilweise einfach liegengelassen.

Manila, Phillipinen

Kinder aus den Elendsquartieren fischen Plastikabfälle aus dem Hafenbecken. Repressive Regimes versorgen die Länder der westlichen Welt mit der Arbeitskraft weitgehend entrechteter Menschen.

Teeplantage, Asssam, Indien

Das Entgelt auf indischen Teeplantagen liegt unterhalb der Armutsgrenze. Fast 25 % Prozent der Teepflücker*Innen sind mangelernährt, und ihre Arbeitsbedingungen sind sehr schlecht. Die Nichtregierungsorganisationen gehen von über 11 Millionen Kindern unter 14 Jahren aus, die in Indien arbeiten.

Maquilas, Lateinamerika

In den Maquilas, steuerbegünstigte Fabrikstandorte, herrschen fast gefängnisähnliche Zustände. Dort werden Luxuswaren großer Mode- und Sportartikelkonzerne in Handarbeit veredelt, bevor sie in den teuren Boutiquen westlicher Länder verkauft werden. Den Arbeiter*Innen, zumeist Frauen, wird der Gang zur Toilette verweigert und im Falle einer Schwangerschaft droht sofortige Entlassung. Sie werden oft beschimpft, mitunter auch geschlagen und sexuell belästigt, insbesondere, wenn sie sich gegen den 14 - 16-Stunden-Tag wehren.

Sweatshops, Ukraine

Sweatshops sind Billiglohnbetriebe, die es auf der ganzen Welt gibt. Mit dem Niedergang der Länder im Südosten Europas fanden sie auch dort ihren Einzug.
In der Ukraine sanken seit dem Beginn des Krieges 2014 die Löhne erheblich. Die Arbeitsbedingungen haben sich verschlechtert. Das Gehalt der Arbeiter*Innen in der Textil -und Schuhindustrie liegt unter dem Lohn in der damaligen Sowjetrepublik. Ähnliche Situationen herrschen derzeit in Serbien und Ungarn.

Tian'anmen-Platz, Peking, China

Es ist eine Ironie der Geschichte, dass sich viele dieser repressiven Regimes auf die Schriften von Marx und Engels berufen. Dabei haben diese beiden Wissenschaftler mit ihren Forschungen die Möglichkeit einer Welt ohne Unterdrückung aufgezeichnet.

Und auch im reichen Westen wächst die Zahl der Menschen, die als „Working Poor" bezeichnet werden.

FRED, MEINST DU, DASS FOTOGRAFIEREN AUSREICHT?

NEIN!

DANN KOMM' ENDLICH UND MACH MIT!

VERZEICHNIS
HISTORISCH BELEGTER
PERSONEN

FRIEDRICH ANNEKE

Geboren als Carl Friedrich Theodor Annecke. Ein deutscher Revolutionär, der 1849 in die USA emigrierte und später Offizier der Nordstaatenarmee wurde. Ehemann von Mathilde Anneke.

MATHILDE ANNEKE

Mathilde Franziska Anneke war eine Schriftstellerin, Journalistin und Ordonnanzoffizierin in den Reichsverfassungskämpfen 1849. Im Exil in den USA wurde sie eine der führenden Personen der Frauenbewegung dort. Ehefrau von Fritz Anneke.

EDWARD AVELING

Edward Bibbins Aveling war ein englischer Sozialist, Zoologe und Atheist und der Lebensgefährte von Eleanor Marx.

CARL CHRISTIAN BELTZ

Lehrer am Gymnasium in Elberfeld und Co-Autor einer lateinischen Grammatik. Erwähnt in den „Briefen aus dem Wuppertal".

EDUARD „LEO" BERNSTEIN

Sozialdemokratischer Theoretiker, der später eine Abkehr von der Forderung nach Abschaffung des Kapitalismus hin zu Sozialreformen formulierte.

OTTO VON BISMARCK

Otto Eduard Leopold von Bismarck-Schönhausen war erster Reichskanzler des Deutschen Reiches und erbitterter Gegner der sozialistischen Bewegung.

MATTHIAS BUCHMÜLLER

Ein Tagelöhner und eines von drei Todesopfern des Elberfelder Aufstandes 1849 auf Seiten der Aufständischen.

LYDIA „LIZZY" BURNS

Irin aus der Arbeiterklasse und bis zu ihrem Tod Partnerin von Friedrich Engels. Schwester von Mary Burns.

MARY BURNS

Lebte nach dem Tod ihrer Schwester Lizzy als Partnerin von Friedrich Engels und heiratete ihn kurz vor ihrem Tod.

HELENA „LENCHEN" DEMUTH

Die Haushälterin der Familie Marx, nach dem Tod von Karl Marx auch im Haushalt von Engels', mit dem sie Marx' Nachlass ordnete.

HORATIO BRYAN DONKIN

Sir Donkin war der behandelnde Arzt von Karl, Jenny und Eleanor Marx.

ELISABETH ENGELS

Elisabeth Franziska Mauritia Engels (geb. van Haar) war die Mutter von Friedrich Engels.

FRIEDRICH „GENERAL" ENGELS

Unternehmer, Philosoph, Gesellschaftstheoretiker, Historiker, Journalist und Revolutionär.

FRIEDRICH ENGELS SENIOR

Fabrikant in der Textilindustrie und Kirchmeister der unierten Gemeinde in Unterbarmen. Nachdem er sich in die Baumwollfabrik Peter Ermen & Co eingekauft hatte, firmierte der Betrieb unter Ermen & Engels. Vater von Friedrich und Hermann Engels, Ehemann von Elisabeth Engels.

HERMANN ENGELS

Einer von Friedrich Engels Brüdern, ebenfalls Fabrikant.

WILLIAM BROWN HOLLOWAY

Vicar der St. Marks Kirche in Camden Town / London. Traute Friedrich Engels und Mary Burns auf ihrem Sterbebett.

LOUISE „GENERÄLIN" KAUTSKY

Leitete nach Helena Demuths Tod den Haushalt von Friedrich Engels und fungierte bis zu seinem Tod als seine Sekretärin.

HERMANN KOERNER

Hermann Joseph Aloys Koerner war Zeichenlehrer an der Gewerbeschule in Elberfeld und flüchtete 1849 wegen seiner religiösen Ansichten in die Schweiz. Später wanderte er in die USA aus und wurde Professor in New York.

PAUL LAFARGUE

Der Sozialist, Autor, Arzt und Übersetzer von Werken von Marx und Engels war der Ehemann von Laura Marx, einer der Töchter von Karl Marx.

RAY LANKESTER

Sir Edwin Ray Lankester war Zoologe und Leiter des Natural History Museum in London.

GOTTFRIED LEMBKE

In manchen Quellen „Lemke" geschrieben. Legte bei Marx'
Beerdigung zwei Kränze im Namen der Redaktion des
Sozialdemokrat und im Namen des Londoner
Kommunistischen Arbeiterbildungsvereins auf den Sarg.

FRIEDRICH LEßNER

Friedrich Christian Eduard „Carstens" Leßner war
gelernter Schneider, sozialistischer Politiker und eng mit
Engels und Marx befreundet.

WILHELM LIEBKNECHT

Wilhelm Philipp Martin Christian Ludwig Liebknecht war
Journalist, Redakteur, Politiker und einer der Gründer der
Sozialdemokratischen Arbeiterpartei Deutschlands, einer
Vorläuferpartei der SPD.

GEORG LOCHNER

Sozialistischer Exilant in London, befreundet mit Marx
und Mitglied im Neuen-Londoner-Arbeiter-Verein.

CHARLES LONGUET

Charles Félix César Longuet war ein französischer Journalist und der Ehemann von Jenny Caroline Marx, der ältesten Tochter von Karl Marx.

ELEANOR MARX

Die jüngste der drei Töchter von Karl Marx, die auch als seine Sekretärin tätig war. Nach dem Tod ihres Vaters engagierte sie sich stärker politisch und begründete unter anderem die Zweite Internationale mit.

KARL MARX

Philosoph, Ökonom, Gesellschaftstheoretiker, politischer Journalist und Co-Autor und lebenslanger Freund von Engels. Beide lernten sich 1842 kennen, als Engels die Redaktion der Rheinischen Zeitung besuchte.

OTTO VON MIRBACH

Preußischer Offizier und Revolutionär, der während des Elberfelder Aufstandes Kommandeur des Sicherheitsausschusses war. Nach der Revolution floh er aus einem Gefängnistransporter und ging nach Griechenland ins Exil.

FEARGUS O'CONNOR

Feargus Edward O'Connor war ein charismatischer Anführer der irischen Chartisten, einer der ersten britischen Arbeiterbewegungen.

CARL SCHORLEMMER

Deutscher Chemiker und Professor für Organische Chemie in Manchester.

KARL WILHELM MORITZ SNETHLAGE

Pfarrer in Elberfeld, später Oberhofprediger in Berlin. Onkel von Friedrich Engels.

WOLFE TONE

Theobald Wolfe Tone war Anführer der irischen Rebellion von 1798. Er wurde, obwohl er ein französisches Offizierspatent besaß, von den Briten gehenkt.

INFORMATION & INSPIRATION

Björn und Simon Akstinat: Marx und Engels intim. Berlin 2017

Altvater, Elmar: Engels neu entdecken. Hamburg 2015

Amnesty International: Grosskonzerne tun zu wenig gegen Kinderarbeit. Amnesty International 2017, Linkaufruf 21.04.2020
https://www.amnesty.de/informieren/aktuell/demokratische-republik-kongo-grosskonzerne-tun-zu-wenig-gegen-kinderarbeit

Assassin's Creed Syndicate. Ubisoft, Quebec, 2015

Ball, Mark: Victorian Slum House, Mini Serie. London 2016

Bleuel, Hans-Peter: Friedrich Engels. München 1981

Bourgeon, Francois: Reisende im Wind Band 8, Journal 1-4. Bielefeld 2018/19

Burkhardt, Gisela: Bangladesch- Das Land der niedrigen Löhne. O.J., Linkaufruf 21.04.2020
https://saubere-kleidung.de/asien/bangladesch/

Cascais, Antonio: Kongo: Kinderarbeit für Smartphones? Deutsche Welle 2017, Linkaufruf 21.04.2020
https://www.dw.com/de/kongo-kinderarbeit-für-smartphones/a-39187274

Dash, Mike: How Friedrich Engels' Radical Lover Helped Him Father Socialism. Washington 2013, Linkaufruf 1.05.2020
https://www.smithsonianmag.com/history/how-friedrich-engels-radical-lover-helped-him-father-socialism-21415560/

Davis, Paul: Making of Assassin's Creed Syndicate. Hamburg 2015

Dohmen, Caspar: Wenn Großkonzerne ihre Lieferanten ausbeuten, in Deutschlandfunk 2020. Linkaufruf am 21.04.2020
https://www.deutschlandfunk.de/globale-marktmacht-wenn-grosskonzerne-ihre-lieferanten.724.de.html?dram:article_id=470035

Engels, Friedrich: Die deutsche Reichverfassungskampagne. Hamburg 1850

Engels, Friedrich: Die Lage der arbeitenden Klasse in England. Berlin 2014

Engels, Friedrich; Marx Karl: Das Manifest der Kommunistischen Partei. Brüssel 1848

Engels, Friedrich: Marx Engels Werke Band 20. Berlin 1990

Fülberth, Georg: Friedrich Engels. Köln 2018

Glaser, Svenja: Friedrich Engels, die Textilbranche und die lange Geschichte der Automatisierung. In: oxiblog.de, 2018. Linkaufruf am 19.04.2020 https://oxiblog.de/die-ganze-welt-im-tal-der-agger-friedrich-engels-textilbranche-automatisierung/

Gebhardt, Manfred: Mathilde Franziska Anneke. Berlin 1988

Hank, Rainer: Alte Meister (3): Friedrich Engels – der Kapitalist. In: blogs.faz.net, 2012. Linkaufruf am 19.04.2020 https://blogs.faz.net/fazit/2012/12/12/alte-meister-3-friedrich-engels-der-kapitalist-684/

Hecker, Carl: Der Aufstand zu Elberfeld: Im Mai 1849, und mein Verhältniss zu demselben. 1849

Herres, Jürgen: Marx und Engels. Porträt einer intellektuellen Freundschaft. Ditzingen 2018

Hirsch, Helmut: Friedrich Engels in Selbstzeugnissen und Bilddokumenten. Hamburg 1968

Hunt, Tristram: Der Kommunist im Gehrock. In: freitag.de, 2009. Linkaufruf am 19.04.2020 https://www.freitag.de/autoren/der-freitag/der-kommunist-im-gehrock

Hunt, Tristram: Friedrich Engels. Der Mann, der den Marxismus erfand. London 2009

Kirby, Dean: Angel Meadow. Barnsley 2016

Koerner, Hermann: Lebenskämpfe in der alten und der neuen Welt. Zürich 1866

König, Johann-Günther: Friedrich Engels Die Bremer Jahre. Bremen 2008

Landau, Diana: The Art of Disney's Christmas Carol. New York 2009

Lessner, Friedrich: Ich brachte das Kommunistische Manifest zum Drucker. Berlin 1975

Lieser, Marion: Die Zeit ist reif. Berlin 2018 Linkaufruf 21.04.20
https://www.oxfam.de/system/files/1._studie_die_zeit_ist_reif_deutsche_zusammen-
fassung.pdf

Mayhew, Henry: London Labour and the London Poor. Ware 2015

McCrea, Gavin: Mrs Engels. London 2015

Moore, Alan; Campbell, Eddie und Mullin, Pete: From Hell, Northampton (USA) 1991-1995

Moore, Alan; Campbell, Eddie: The From Hell Companion. London 2013

Müller, Steve: ...wie eine Sklavin. Video, Christliche Initiative Romero 2016, Linkaufruf 21.04.2020
https://www.youtube.com/watch?v=p5GAqM6TSOA&feature=youtu.be

Musch-Borowska: Verboten, aber immer noch allgegenwertig. Deutschlandfunk 2019, Link aufgerufen 21.04.2020
https://www.deutschlandfunk.de/kinderarbeit-in-indien-verboten-aber-immer-noch.1773.de.html?dram:article_id=451093

Musiolek, Bettina: Ukraine, Mode & Menschenrechte. O.J., Linkaufruf 21.04.2020
https://saubere-kleidung.de/ukraine/

Neffe, Jürgen: Marx. München 2017

Palmer, John: A touch on the times. Harmondsworth 1974

Parke, Karina: Opfer unserer Konsumgesellschaft. Quiio.de Link aufgerufen 21.04.2020
https://www.qiio.de/die-opfer-unserer-konsumgesellschaft

Peck, Raoul: Der Junge Karl Marx, Film, Frankreich 2017

Poortvliet, Rien: Auf den Spuren meiner Väter. Hamburg 1988

Pratchett, Terry: Jack Dodgers London Guide. München 2013

Raven, John: Victoria's Inferno. Wolverhampton 1978

Rogge, Ralf (bearb.): Quellen zur Revolution 1848/49

Saubere-kleidung.de: Europas Sweatshops – Armutslöhne in Ungarn, Serbien und der Ukraine. 2017, Linkaufruf 21.04.2020
https://saubere-kleidung.de/2017/11/europas-sweatshops-armutsloehne-in-ungarn-serbien-und-der-ukraine/europas-sweatshops/

Saubere-kleidung.de: Länderprofil Ukraine - Europas Sweatshops. 2017, Linkaufruf 21.04.2020
https://saubere-kleidung.de/2017/11/laenderprofil-ukraine-europas-sweatshops/

Saubere-kleidung.de: Mode und Menschenrechte- Eine Einführung ins Thema. O.J. Linkaufruf 21.04.2020
https://saubere-kleidung.de/mode-menschenrechte/

Schreier, Doro: Wegen Smartphones und Elektroautos- die Hölle im Kongo. Netzfrauen 2018, Linkaufruf 21.04.2020
https://netzfrauen.org/2018/10/11/congo-2/

Sinelnikowa, Irma: Friedrich Leßner. Berlin 1980

Soiné, Knut: Johan Peter Hasenclever-Ein Maler im Vormärz. Neustadt/Aisch 1990

Soret, Oliver: Kinderarbeit in den Minen der Demokratischen Republik Kongo, Humanium 2016, Linkaufruf 21.04.2020
https://www.humanium.org/de/kinderarbeit-in-den-minen-der-demokratischen-republik-kongo/?gclid=CjwKCAjwgbLzBRBsEiwAXVIygMk6j8441ya2bWW1ksIxNi-4fyrEqgN7XNb8EQmeIZzQvnj_9LhebDhoCTY0QAvD_BwE

Steinitz, Wolfgang: Der grosse Steinitz. Frankfurt 1979

Traub, Reiner (Red.): Spiegel Geschichte - Die Revolution von 1848, Hamburg 2014

Vonde, Detlef: Auf den Barrikaden. Wuppertal 2019

Webb, Belinda: Mary Burns. Unveröffentlichte Dissertation, Kingston 2012

Wekwerth, Peter: Flug des Falken, Mini-Serie, DDR 1985

Wenzel, Frank-Thomas: Schmutziges Kobalt aus dem Kongo. Frankfurt 2018 Linkaufruf 21.04.2020
https://www.fr.de/wirtschaft/schmutziges-kobalt-kongo-10972972.html

Wolff, Christian; Lunyakov, Sascha: Der preußische Infanterist im badischen Feldzuge 1849. Berlin 2016

Zelnik, Friedrich: Die Weber, Film, Österreich 1927